ÉLOGE

DE

MARC-ANTOINE MURET,

ORATEUR DES PAPES,

ET CITOYEN ROMAIN,

J. Hainzelman ad Viuum del. et sc. Paris 168..

M. A. MVRETVS. ORAT. PONT. CIVIS. ROM.

ÉLOGE
DE
MARC-ANTOINE MURET,
ORATEUR DES PAPES, ET CITOYEN ROMAIN,
PRONONCÉ

LE 22e. AOUST 1774,

AVANT LA DISTRIBUTION DES PRIX DU COLLÈGE ROYAL DE LIMOGES,

PAR M. L'ABBÉ VITRAC Professeur d'Humanités.

Patriâque creatus eâdem.
Ovid. Metam. 13°.

A LIMOGES,
Chez MARTIAL BARBOU, Imprimeur du Roi & du Collège.

M. DCC. LXXIV.

ÉLOGE

DE

MARC-ANTOINE MURET,

ORATEUR DES PAPES, ET CITOYEN ROMAIN.

LES grands talens, comme les grandes vertus, ont droit aux éloges publics. Ces hommes rares, que la nature accorde plus ou moins libéralement dans chaque siècle, pour conserver, ou pour grossir la masse des lumières, méritent les hommages de leurs contemporains qu'ils instruisent, & la vénération de la postérité qu'ils éclairent. Les admirer, est un devoir que leur siècle doit remplir ; les célébrer, est une dette que les âges suivans doivent acquitter. Obligation honorable pour les lettres, fidellement remplie parmi nous !

Nos ſociétés littéraires ont ſubſtitué l'éloge du mérite, à celui de la naiſſance. L'éloquence ne s'exerce plus à analiſer froidement des moralités triviales, à réſoudre ingénieuſement des problêmes inutiles, à louer pompeuſement des hommes qui n'eurent d'autre mérite qu'un ſang illuſtre. Les palmes académiques ne ſont plus décernées qu'aux Orateurs qui immortaliſent, ou la bienfaiſance qui fit le bonheur des hommes, ou la bravoure qui garantit leur ſûreté, ou les talens qui multiplièrent leurs connaiſſances. Les Henri IV & les Sully, les d'Agueſſeau & les Colbert, les Saxe & les Du Guai-Trouin, les Deſcartes & les Fénelon, ont eu des Panégiriſtes dignes d'eux. Que n'ai-je l'éloquence brillante, majeſtueuſe, ſublime, qui les a conſacré, pour célébrer un écrivain, moins grand ſans doute, mais très-eſtimable dans la république des lettres! MARC-ANTOINE MURET.

LES talens ne ſont précieux, qu'à proportion qu'ils ſont utiles dans leurs effets, & difficiles dans leur acquiſition. Le degré de leur mérite ſe calcule ſur celui de leurs avantages combiné avec celui de leurs difficultés. D'après ce principe, qui fut plus digne d'éloges que Muret ? Poète aimable, Commentateur judicieux, Jurisconsulte éclairé, Orateur éloquent, il réunit des talens qui illustreraient plusieurs hommes.

O mes Concitoyens ! c'eſt un (1) Compatriote que je vais louer. J'ose devenir l'interprète de ma patrie. Jamais je ne fus si ſensiblement touché de la médiocrité de mes talens : mais, j'aime à me persuader que le zèle pour notre gloire commune me donnera de l'énergie & m'obtiendra de l'indulgence.

L'ATMOSPHÈRE ne fait pas tout ni ſur

---

(1) Plusieurs Biographes prétendent fauſſement que Marc-Antoine était originaire de Muret, Village ſitué à trois lieues de Limoges. Ils me paraiſſent avoir ſuivi le ſentiment du P. Bencio Jéſuite, qui, dans l'Oraiſon funèbre de Muret, ne ſe trompa pas ſeulement ſur le lieu de ſa naiſſance, mais qui prétendit encore qu'il était de la même famille que St. Étienne de Muret. Tout le monde ſait que ce fameux Solitaire était fils d'Étienne, Comte de Thiers en Auvergne. Il paraît certain que Muret nâquit à Limoges le 12e. Avril 1526. C'eſt l'opinion de l'Auteur de l'hiſtoire de l'Aquitaine & du Limousin. Le Père de Muret était un Juriſconſulte eſtimé. Il eſt inconteſtable que ſa famille qui a toujours tenu un rang honorable dans notre Ville, y eſt établie depuis plus de deux ſiècles.

les esprits, ni ſur les caractères. Il n'eſt point de contrée ſi peu favoriſée de la nature qui ne puiſſe avoir ſes génies & ſes héros. Pour combattre l'opinion contraire, je ne vous rappellerai point que la Grèce n'a plus ſes Anacréon, ſes Démosthène & ſes Sophocle; Rome, ſes Cicéron, ſes Tite-Live & ſes Caton; que les Égiptiens, autrefois maîtres de l'Univers & précepteurs du genre humain, ne ſont plus qu'une nation lâche, frivole, efféminée; qu'enfin l'Angleterre envelopée des ténèbres d'une ignorance ſtupide dans le ſiècle de l'Orateur Romain, a produit dans le notre des Philoſophes plus profonds que lui. Je me contenterai de peindre Muret & ſes connaiſſances. Dans un climat (1) que des préjugés deſtructeurs de

(1) Dorat, Merlin eſtimé à cauſe de ſa collection des Conciles & de ſon Édition des Œuvres d'Origène, Varillas, Baluſe, le Marquis de Beaupoil de S. Aulaire, le P. Honoré de Ste. Marie, appellé dans le ſiècle Pierre Vauzelle, connu par ſes diſſertations hiſtoriques ſur les ordres militaires, & par ſes reflexions ſur les règles & l'uſage de la critique, le Chancelier d'Agueſſeau, Montmaur Profeſſeur en langue Grecque à Paris, Sahuguet Baron d'Eſpagnac, Marmontel &c. tous Limouſins, ont prouvé par leurs talens que les belles lettres ſont de tous les païs.

l'émulation & des talens qu'elle enfante, dans une région qu'une prévention avilissante pour notre patrie, regarde comme une terre que les beaux arts ne sauraient habiter, Muret, par la seule force de son génie, s'élève à l'intelligence exacte de l'élégance & de la précision de la langue d'Athènes, de la délicatesse & de l'harmonie de celle de Rome. Il ne dût rien (1) à l'éducation, qui fait tout chés les hommes vulgaires & presque rien dans les ames sublimes.

---

(1) Muret, dès sa plus tendre jeunesse, acquit des lumières, qui dans les autres sont le fruit tardif de l'application. Il apprit sans maître le Grec & le Latin. Voilà pourquoi l'on fit en son honneur cet Anagramme, pitoyable sans doute, mais qui constate combien il devait à ses talens naturels.

MARC-ANTOINE MURET.. NATURE DROIT M'A MENÉ.

Dans un âge où l'on ne s'instruit qu'avec les plus pénibles efforts, il enseigna d'abord à Limoges, puis à Agen, avec les plus brillans succès. Le fameux Jules Scaliger, qui régentait dans cette dernière Ville, devint l'ami de Muret, & finit de le perfectionner dans les belles lettres. Bientôt on vit notre Compatriote partager à Paris, dans le Collège du Cardinal le Moine, la célébrité de Turnèbe & de Buchanan. Henri II & Cathérine de Medicis honorèrent plus d'une fois ses leçons de leur présence. Poitiers Ausch, Toulouse, Bordeaux, Venise, Padoue,

L'ÉLOGE de l'homme de lettres doit être celui de ses écrits, parce que son histoire doit être le tableau de ses connaissances. Je me hâte donc d'ouvrir les ouvrages de Muret.

DANS (1) ses Poésies sacrées, quelle élévation ! Le langage des Dieux ramené à son institution primitive y célèbre le créateur & ses dons, d'une manière digne de sa grandeur & de ses bienfaits. La Religion y est relevée par cette majesté des idées, cette magnificence des expressions, cette harmonie des nombres

---

Rome, devinrent ensuite successivement les théatres où il communiqua les lumières qu'il ne devait qu'à lui seul.

La connaissance de la langue Latine le tira d'un très grand danger. Dans son voyage de France en Italie, Muret est attaqué d'une maladie violente. On appelle deux Médecins. Comme son extérieur & son équipage n'annonçaient rien moins que ce qu'il était, ils décident de faire sur lui l'essai d'un remède qu'ils n'avaient pas encore éprouvé. Croyant n'être pas entendu du malade, un des Docteurs dit en Latin, *faciamus experimentum in animam vilem*. Muret épouvanté répliqua tout de suite, *anima non vilis pro quâ mortuus est Christus*. La crainte de la médecine fit ce que n'auraient pas fait tous les secrets de la pharmacie, il se trouva presqu'aussitôt guéri & partit le lendemain.

(1) *Hymnorum Sacrorum Liber.*

& cette variété des tours qui caractérisent le lyrique des Romains.

DANS (1) ses Élégies, quelle délicatesse de pensées ! Quelle vérité de sentimens ! Quelle vivacité d'imagination ! L'on croit entendre soupirer les Properce & les Tibulle. Ce coloris trop sombre, cette tristesse trop lugubre, ce stile trop doucéreux, qui dans nos Heroïdes, remplacent les plaintes tendres, passionnées, intéressantes de l'élégie, ne pouvaient plaire à un jeune Poète nourri des chefs d'œuvre de l'antiquité.

DANS (2) ses Épigrammes, quelle finesse ! Quel esprit ! Quel atticisme ! Il se plie à tous les tons de ce petit Poème à qui sa brièveté donne tout à la fois des graces & des difficultés. Simple sans bassesse, sublime sans enflure, tempéré sans affectation, toujours enjoué, Muret quelques fois même est noble dans

---

(1) Consultés la belle Édition que les Barbou ont donné des Auteurs Latins, vol. *Besæ, Mureti &c. Juvenilia.*

(2) Léger Du Chesne les inséra dans le prémier Tome de son ouvrage intitulé, *Flores Epigrammatum.* 1560.

ſon badinage. Dans ſes plaisanteries, l'on croit reconnaître Martial qui s'égaye, en censurant les ridicules de ſon ſiècle.

DANS (1) ſes Épîtres, quelle aimable Philosophie ! Que l'amitié y parle un langage bien naturel & bien vrai ! Que la confiance s'y livre à des épanchemens bien tendres & bien doux ! Point de ce remplissage d'idées futiles de ſociété que nous nommons devoir, point de ces frivoles protestations toujours accompagnées de l'imposture, point de ce froid jargon d'une fausse politesse qui met le menſonge partout & ne trompe jamais.

DANS ſes Odes, quel feu ! Quelle véhémence ! Le désordre apparent y cache un desſein ſage & une marche régulière. L'unité, l'ensemble, l'enchaînement des idées, s'y concilient avec la grandeur, la rapidité des passages & l'essor le plus hardi. Célèbre-t-il un

---

(1) *Epistolæ aliquot Familiares....* Ses Épîtres en Vers Latins, *ad Nicolaum Viennensem*, *ad Baïfium*, *ad Jodellum*, *Claudio*, *Tiburis descriptio ad amicum*, *ad Gerardium*, ſe trouvent dans l'Édition des Barbou.

Compatriote (1) honnoré de la couronne Poétique ? Qu'il eſt élégant ! Pleure-t-il le départ d'un ami (2) qu'il chériſſait, ſollicite-t-il le retour de ce génie heureux (3) qui des prémiers débrouilla le cahos de notre Poèsie, & fut décoré du titre glorieux de Prince des Poètes de ſon ſiècle ? Qu'il eſt touchant ! Déclame-t-il contre ce vice odieux (4) qui pour obſcurcir des vertus ſuppoſe des crimes,

---

(1) Jean Dorat né à Limoges en 1508 d'une famille ancienne, avait un extérieur groſſier, mais ce défaut était effacé par la délicateſſe de ſon esprit, la générosité de ſon cœur & la nobleſſe de ſon ame. Ses Poésies le firent appeller par ſes contemporains le Pindare Français. Charles IX créa pour lui la charge de Poète Royal. L'Ode que Muret lui adreſſe commence ainsi, *Aurate, gentis grande decus meæ, &c.*

(2) *In discessu Joannis Scleicheri filii amantissimi.... descende cœlo, & jam mihi lugubres, &c.*

(3) *Ad Fetrum Ronsardum Poëtarum facilè principem.... Ronsarde, Aonii pectinis arbiter, &c....* Les Muses eurent des charmes infinis pour Ronsard; il les cultiva avec ſuccès. Henri II. François II. Charles IX. & Henri III. le comblèrent de bienfaits. Il avait de l'imagination & des graces, mais en affectant de franciser des mots Grecs & Latins, il rendit ſa verſification dure & ſon ſtile inintelligible.

(4) *Ad Claudium Voësium... Claude, integello pectore amabilis &c....* Cette Diatribe contre la calomnie eſt pleine de force & d'énergie.

& dont plus d'une fois il avait éprouvé la malignité (1) ? Qu'il eſt impétueux ! Veut-il essuyer les larmes que verse un infortuné, (2) Quelle tendresse de ſentimens ! Quelle douceur de versification ! C'eſt Horace qui console Virgile ſur la mort de Quintilius. Chante-t-il enfin Bacchus, (3) & ſes préſens ? Que ſes tableaux ſont agréablement dessinés ! Que ſes images ſont riantes ! Il pare le Dythirambe de tous ſes agrémens.

NE parlons point ici de ſes Satyres, il avait le cœur trop bien fait, l'ame trop ſensible, pour multiplier des ouvrages, qui décèlent

---

(1) Plusieurs Auteurs ont avancé que Muret accusé à Paris d'un crime abominable ne put ſe ſouſtraire au ſupplice, que par le crédit de ſes amis ; que ſoupçonné à Toulouse des mêmes horreurs, un Conseiller au Parlement l'avertit de prendre la fuite, en lui renvoyant ce vers de Virgile,

Heu ! fuge crudeles terras, fuge littus avarum.

Mais ils ne portent aucunes preuves de ces horribles accusations, & Dénis Lambin, Professeur Royal en Langue Grecque, ſon contemporain, le justifie pleinement contre ces calomnies atroces.

(2) *Ad Antonium Montecatinum.... Tandem querelis pone modum tuis &c.*

(3) *Ad Claudium Denisotium, Comitem Alsinoum... Bacchus Poëtas & facit & fovet &c.*

presque toujours dans leur Auteur, plus de cette malignité ingénieuse qui déchire les hommes, & de cette misantropie noire qui les hait, que de ce sentiment généreux, qui veut faire aimer la vertu & rechercher le beau, & de ce zèle estimable, qui veut faire détester le vice ou le mauvais gout. Oublions des productions, qui dans la maturité de l'âge lui firent verser des larmes (1) & regrettons en général, que, dans les prémiers fruits de sa verve, il n'ait pas assés respecté la décence & les mœurs. Dans l'effervescence d'une bouillante jeunesse, l'on prend souvent les saillies des passions, pour l'entousiasme du génie, & l'on ne se rappelle point assés que le vrai Poète doit être chaste, comme les muses qui l'inspirent.

Il est un genre de travaux littéraires que dédaignent les esprits superficiels, pour qui

---

(1) *Juvenilia... sæpè mihi in sermone dicebat, sibi adeò non placere, ut ea tanquam sua, non modò non probaret, sed ne agnosceret quidem. Et cupiebat hujusce voluntatis, ... extare testimonium. Orat. Francisci Bencii è soc. Jesu, in funere Marci Antonii Mureti.*

ils feraient plus nécessaires, mais que favent eftimer les vrais favans, pour qui ils fembleraient moins utiles. Travaux pénibles qui demandent l'application la plus foutenue ; travaux épineux qui exigent les recherches les plus profondes ; travaux dégoutans qui requierrent les discussions les plus laborieufes. Répandre un jour lumineux fur des traits obscurs, rétablir dans leur pureté primitive des textes mutilés, rapprocher des faits épars, rechercher l'origine d'un usage antique ; tel eft leur objet. Beaux arts, histoire, chronologie, géographie ancienne, mithologie, génie des langues ; tout eft du ressort du commentateur. Goût sûr, érudition vaste, tact délicat, fagacité judicieuse ; tels doivent être fes talens. Analises raisonnées, critiques motivées, interprétations exactes, éclaircissements nécessaires ; tels doivent être les fruits de fes veilles. Un tel écrivain peut-il n'être pas estimable, puisqu'il eft fi utile, & par fes travaux n'acquiert-il pas des droits légitimes fur la reconnaiffance des gens de lettres ? Or, qui dans ce genre fe diftingua mieux que Muret ? Avec quel foin il bannit de fes Commentaires ce luxe

luxe d'une érudition hérisssée ; confuse , ténébreuse , qui rebute ; ce verbiage ſcientifique , obſcur , énigmatique , qui dégoute ; ce pédantisme fastueux , hiperbolique & ridicule , qui revolte ! Dans ſes observations on retrouve toujours l'homme de gout , & jamais l'érudit insipide. Muret avait été admis dans le Sanctuaire des Muses , & le Poète fait répandre des fleurs ſur tous les genres de littérature auquels il ſe consacre.

MANES des grands hommes du plus beau ſiècle de la littérature Française , ô vous qui après avoir pris les anciens pour vos guides , marchates toujours à côté de vos maîtres & les précédates ſouvent , justifiés aux yeux de l'ignorance & de la frivolité , le mérite de ces talens précieux , auquels vous dûtes l'intelligence des plus brillantes productions de l'esprit humain.

Ces Poètes du ſentiment & du plaisir , dont les Poésies ſemblent être moins l'ouvrage des hommes , que celui des Muses elles mêmes , & qui présentent partout les graces simples , naïves , à demi vétues , ſe formèrent ſur Catulle & ſur Pétrone. Le Censeur ingénieux de nos ridicules, le peintre admirable de nos mœurs, le créateur de notre scène, qui sut donner au comique Français une perfection inconnue au théatre d'Athènes, de Rome & de l'Europe moderne, étudia les Œuvres dramatiques de l'ami des Scipion & des Lélius. Le législateur de notre Parnasse, qui traça avec tant d'art, & développa avec tant d'énergie les règles de la Poésie & du goût ; le Pindare Français, qu'une imagination brillante, une versification harmonieuse, un entousiasme soutenu, placent au prémier rang de nos Poètes lyriques, se plièrent chacun dans leur genre à la manière d'Horace. Les génies heureux, qui, après avoir dégagé notre éloquence de la barbarie qui l'avilissait, d'un fatras pédantesque qui l'énervait, lui donnèrent cette force, cette douceur, cette abondance, qui flattent, émeuvent & persuadent, puisèrent les vrais principes de l'art Oratoire dans Aristote & Cicéron. Les écrivains estimables, qui de nos jours ont si heureusement dissipé les ténèbres qui enveloppaient le berceau de notre Monarchie, en ont peint les progrès & l'accroissement, les révolutions & les troubles, les victoires & les revers, avec tant de précision & d'impartialité, choisirent pour modèles les Xénophon, les Tacite & les Salluste. Mais tous ont trouvé un fond inépuisable de richesses dans les observations (1) de Muret sur

---

(1) *Catulli carmina cum Commentariis... Annotationes in Petronii Arbitri Satiricon... Terentius à Marco Ant. Mureto locis propè innumerabilibus emendatus. Ejusdem Mureti argumenta in singulas Comædias, & Annotationes, quibus tùm correctionum magnâ ex parte ratio redditur, tùm loci obscuriores explicantur...* Les six Comédies de Térence, corrigées en presques infinis endroits, par M. Ant. Muret, avec les fleurs, phrases, & expositions morales, mises à la fin de chaque Scène. Le Français correspondant au Latin.... *Horatius cùm annotationibus Mureti.... Aristotelis Rhetorica in linguam Latinam versa, Mureto interprete.... M. Ant. Mureti ad Leonardum Mocenigum Patricium Venetum, Orationum Ciceronis in Catilinam explicatio... Ciceronis Philippicæ à M. Ant. Mureto emendatæ, cum ejus notis.... Notæ in primam quæst. Tuscul. Ciceronis, in ejusdem tres Libros de Officiis, in Libros quinque de finibus & in orat. pro Dejotaro... Notæ in Cyropædiam Xenophontis.... M. Ant. Mureti Commentarii in quinque priores Libros annalium Taciti, nec non in Sallustium notæ.*

A ce détail je pourrais ajouter, *M. Tullii Cicer. Epist. ad Atticum Lib. 16, ex recensione J. G. Grævii cum Notis Mureti... Notæ in Lib. 1.um & 2.um Platonis de Repub..... Aristotelis Economica, Jacobo Lud. interprete, cujus interpretationem M. Ant. Muretus locis aliquot emendavit, Scholiisque illustravit... Aris-*

ces Auteurs qui ont immortalisé l'ancienne Grèce & le ſiècle d'Auguste, ou dans les ouvrages de ceux qui avaient puisé dans ſes écrits. Guidés par les lumières de ce ſavant Commentateur, tous avec le plus heureux ſuccès ont consacré à imiter les chefs d'œuvre de l'antiquité, des moments précieux qu'ils eussent employé avec le plus grand dégoût à les entendre. Tous ont éprouvé combien il eſt doux de marcher dans la carrière des arts, lorsqu'un homme laborieux a d'une main arraché les épines qui la couvraint, & fait remarquer de l'autre les fleurs qu'on doit cueillir.

L'HOMME de génie ne ſe restreint point à un ſeul objet. Son ame grande, ſon esprit vaste embrassent toutes les ſciences. Muret avait cultivé les arts, & s'était fait un nom: il étudie les loix, & ſe rend recommandable.

---

totelis Topicorum Liber 7us. & in eundem Alexandri Aphrodiensis Commentarius, M. Ant. Mureto interprete.... Lucii Annæi Senecæ Philosophi opera cum notis M. Ant. Mureti & indice Julii Rosçii Hostini, &c.

Les Romains après avoir donné des chaînes à l'Univers, lui donnèrent des loix, qui participent à la grandeur & à la ſageſſe d'un peuple triomphateur & judicieux. Mais ces loix d'abord énoncées en termes clairs & précis, adaptées aux usages & aux mœurs du tems, devinrent insensiblement inintelligibles ou impraticables. L'art d'interpréter celles qu'on n'entendait plus, de concilier celles qui paraissaient contradictoires, de chercher l'esprit de celles qui ſemblaient douteuses ou inutiles, fut à Rome l'art le plus auguste & le plus ſacré. La Jurisprudence devenue l'étude des Citoyens les plus distingués, fut une route aussi ſure & aussi abrégée pour parvenir aux premières charges de l'Empire, que l'éloquence ou la bravoure. Cette ſcience nommée par excellence celle du bon & du juste, conservait à Rome ſon ancienne dignité, & le siècle de Muret fut un des plus beaux ſiècles de la Jurisprudence.

Les grands hommes peuvent ſeuls juger sainement du vrai mérite. Ce Pontife (1) qui s'est immortalisé par la correction du recueil des loix Écclésiastiques, & surtout par la réformation des Périodes Juliennes : cet homme célèbre, qui doué des talens de l'ancien Mécène en avait la bienfaisance, & qui ne se servait de ce pouvoir suprême subordonné à l'autorité seule du tout puissant, que pour encourager les savans, & récompenser leurs travaux : Grégoire XIII. fait apprétier (2) Muret, & le charge de l'honorable emploi, d'expliquer, de développer, d'analiser les règles du Droit, qu'avaient obscurcies les opinions des

(1) Grégoire XIII. un des plus habiles Jurisconsultes de son siècle, avait enseigné avec la plus grande distinction le droit Civil & Canonique. La réformation du Calendrier, la correction & la publication du Code de Gratien, enrichi par ce Pape de notes lumineuses, ont immortalisé son Pontificat. Il semble que les vérités utiles doivent trouver des obstacles que ne rencontrent point les préjugés les plus grossiers. Une partie de l'Allemagne, de l'Angleterre, de la Suède, du Dannemarck, la France, les Païs-bas, la Grèce, refusèrent d'abord de reconnaître l'année Grégorienne.

(2) Grégoire XIII. appellait Muret, *Romani Gymnasii lumen & columen. Benc. In Orat. fun. M. Antonii Mureti.*

Juristes & les Sophismes des Rhéteurs.

LES leçons prennent la teinte du génie de celui qui les donne. Quelle (1) netteté ! Quel ordre ! Quelle profondeur, dans celles de Muret ! Que j'aime à me le représenter, le flambeau de la Philosophie à la main, fixant l'esprit & le sens, l'étendue & les bornes de la loi, la combinant avec les gouvernements modernes, apprenant à en adoucir la rigueur, par la sagesse de l'équité, traçant le Tableau de tous les âges de la Jurisprudence, rapprochant les décisions souvent opposées des anciens Jurisconsultes, déterminant enfin le dégré d'autorité qu'elles doivent avoir !

S'IL est trop souvent chés les gens de lettres une faiblesse orgueilleuse, qui sans choix, leur fait livrer au public qu'ils ne respectent point assés, les productions les plus médiocres, on voit aussi parmi eux une modestie trop timide, qui sans reflexion, leur fait

---

(1) *Docuit jus civile, non vulgari sanè viâ spinosas illas Jurisconsultorum illorum concertationes, cum sermonis nitore conjungens.... Orat. Franc. Bencii.*

dérober à la postérité qu'ils redoutent trop, les plus estimables productions. Muret ne connait aucun de ces deux excès également funestes. Embrasé d'un côté du noble feu de cette émulation active, qui fait concourir au progrès des lumières, sachant de l'autre ce qu'il doit aux hommes qu'il veut instruire, il ne nous a laissé que des écrits vraiment utiles, surtout par rapport au droit civil.

MINISTRES du Sacerdoce légal, organes éclairés des loix, arbitres équitables de la fortune & du bonheur de vos semblables ! C'est à vous qu'il appartient de prononcer sur le mérite d'un Légiste. Annoncez à ceux qui commencent à faire quelques pas dans la carrière épineuse, mais infiniment honorable du Barreau, combien ils doivent estimer les observations (1) de Muret, sur le pré-

(1) *Disputationes in Lib. 1.um Pandectarum..* *Commentarii in quatuor Titulos Lib. 1i. Digest. de Origine Juris, de legibus & Senatusconsultis, de constitutionibus principum & de officio ejus cui mandata est Jurisdictio... Observationum juris liber singularis*, inséré dans le *Thesaurus Criticus* de Gruter. Tome 2e. *Notæ in instutiones Justiniani... De Doctoris Officio*,

mier Livre des Pandectes de Florence ; ses recherches sur l'origine du Droit, ses Commentaires sur les Loix & les Sénatusconsultes, ses écrits sur les constitutions des Princes, & sur les devoirs des dépositaires de la Jurisdiction, ses remarques sur les Institutes de Justinien, ses discours sur l'accord des belles lettres, de l'éloquence & de la Jurisprudence, sur la méthode d'enseigner le Droit, sur l'autorité & les obligations des Juges. Dites leur, qu'ils ne remarqueront dans aucun de ces ouvrages, ni la diffusion d'une érudition pesante, ni la sécheresse d'une diction barbare ; mais qu'ils y trouveront toute la profondeur d'un jugement sain, réunie à tous les agrémens d'une éloquence persuasive. Jurisconsulte éclairé, Muret fut un Orateur éloquent.

---

deque modo Jurisprudentiam docendi. Orat. habita Romæ pridiè Nonas Novemb. An. 1569.... De Auctoritate & Officio judicum, Orat. Hab. Romæ. postridiè Nonas Nov. An. 1571.... De eloquentiâ ac cæteris Disciplinis cum Jurisprudentiâ conjungendis, orat. hab. Romæ. 1562.

Nous avons encore, *Aristotelis Ethicorum ad Nicomacum Liber Quintus, in quo de jure & justitiâ accuratissimè disputatur. M. Ant. Mureto interprete.*

QU'EST-CE qu'un Orateur ? C'eſt un homme qui né avec une imagination féconde, guidé par un génie élevé, doué d'une ſenſibilité exquiſe & d'une inépuiſable facilité d'expreſſion, fait mouvoir à ſon gré les reſſorts des paſſions, régner ſur les cœurs, & manier avec art les eſprits. C'eſt un homme qui par le preſtige d'une élocution noble, par la force d'une Dialectique convaincante, par le brillant d'une Poéſie ſublime, fait paſſer rapidement dans l'ame des autres le ſentiment profond dont il eſt pénétré. Plein d'une ardeur brulante, il a la véhémence de l'orage, l'activité de la foudre, la rapidité des torrens : il ébranle, il renverſe, il entraîne tout par les flots impétueux de ſa vive éloquence. Voilà, ce que fut Muret.

S'IL loue cette ſcience ſublime, (1) dont le créateur eſt le principe & l'objet : s'il rappelle (2) les charmes, l'excellence & les

(1) *De dignitate & præstantiâ ſtudii Theologici. Orat. habita Lut. Pariſiorum. Non. Feb. 1552.*

(2) *De laudibus litterarum. Orat. hab. Venetiis An 1554.... De utilitate & præstantiâ litterarum humaniorum, adverſus quoſdam earum vituperatores. Orat. hab. Venet. poſtridiè Non. Oct. An. 1555.... De utilitate, jucunditate, præstantiâ litterarum. Orat. hab. Romæ. 15.o Kal. Nov. 1573.*

avantages des belles lettres ; le génie, (1) l'antiquité, les graces de la Poésie ; l'accord heureux (2) de la Philosophie & de l'Éloquence : s'il déclame (3) contre les ames vénales, qui abusent de leurs talens Oratoires : s'il montre (4) la route que doivent suivre ceux qui aspirent à la palme de l'élocution : s'il exhorte (5) à méditer l'histoire, & surtout celle de ce peuple de héros conquérans & législateurs de l'Univers : s'il trace (6)

---

(1) *Poëseos natura, antiquitas, suavitas & commoda demonstrantur. Orat. hab. Rom. 30. Non. Nov. 1579.*

(2) *De Philosophiæ & eloquentiæ conjunctione. Orat. hab. Venet. mense Oct. An. 1557.*

(3) *Invectiva in eos qui eloquentiâ abusi, non æquitati, sed injustitiæ, non veritati, sed mendacio, patrocinantur, & tenebras judicibus infundunt. Orat. hab. Romæ. Kal. Mart. 1574.*

(4) *De viâ & ratione ad eloquentiæ laudem perveniendi. Orat. hab. Romæ. Non. Nov. 1572.*

(5) *Docet tempus à solitis studiis vacuum, alicui lectioni gratiori tribuendum esse : maximè ad historiarum lectionem adhortatur, multùmque de historiæ definitione disputat. Orat. hab. Romæ. 30. Non. Nov. 1572... Laus historiæ Romanæ. Orat. hab. Romæ. Non. Novemb. 1580.*

(6) *Laus & commoda Epistolæ & eorum qui scribendis illis claruerunt. Orat. hab. Romæ. pridiè Non. Nov. 1582.*

les règles du ſtile Épistolaire, & le portrait de ceux qui ſe ſont exercés dans ce genre : s'il recherche (1) les causes de la décadence des belles lettres ; ſon éloquence eſt nerveuse, noble, pompeuse.

QUAND il rappelle (2) la nécessité de l'étude réfléchie de la ſcience des mœurs, & qu'il entreprend (3) de faire connaître l'homme & ſes devoirs, notre ame & ſes facultés ; ſon éloquence eſt fleurie, délicate, insinuante.

PRÉSENTE-T-IL (4) les anciens com-

(1) *Cur hoc tempore non tam docti inveniantur quàm olim. Orat. hab. Romæ. Pridiè Non. Novemb. 1563.*

(2) *De Moralis Philosophiæ laudibus. Orat. hab. Romæ. 16o. Kal. Dec. 1563. . . . De Moralis Philosophiæ necessitate. Orat. hab. Romæ. 7o. Idûs Novemb. 1564.*

(3) *De ſui cognitione, deque omnibus humani animi facultatibus. Orat. hab. Romæ. 4o. Idûs Nov. 1565. . . De præstantiâ animæ rationalis, & de ejusdem officiis &c. Orat. hab. Romæ. pridiè Non. Nov. An. 1577. . . De Justitiæ laudibus. Orat. hab. Romæ. pridiè Non. Mart. An. 1565.*

(4) *Laudat antiquorum eruditionem & ſapientiam ; & ad similem consequendam hortatur. Orat. hab. Romæ. 3o. Non. Nov. 1581. . . De legendis variis tùm Poëtarum, tùm Oratorum ſcriptis. Orat. hab. Romæ. An. 1557.*

me des modèles qu'il faut ſuivre, des oracles qu'il faut consulter, des maîtres qu'on doit imiter : s'élève-t-il (1) contre les détracteurs de l'Historien Philosophe de l'ancienne Rome, de cet écrivain ſans partialité, qui connaissait ſi bien les replis tortueux de la Politique ; & les dévoilait avec ſi peu de ménagement ; les caractères des hommes, & les peignait avec tant de force, les vices & les vertus des Empereurs, & les distinguait avec tant de finesse : relève-t-il (2) les traits d'une critique injuste, parce qu'elle était trop générale, lancés contre ce Moraliste Romain ; à qui nous devons le Tableau frappant du danger des passions, des ressources de la providence, & de la reconnaissance qu'exigent les bienfaits ; ſon éloquence eſt forte, mâle, ſerrée.

DÉPOSITAIRE des ſentimens (3) des

---

(1) *Deffensio historiæ Taciti, & omnium eorumque quæ objici poterant ſolutio. Orat. hab. Romæ. pridiè Non. Nov. An. 1580.*

(2) *Senecam contrà ipsius vituperatores deffendit. Orat. hab. Romæ. Non. Jun. 1575.*

(3) *Pro Francisco II. Galliarum Rege, ad Pium IV.*

François II, des Charles IX, des Henri III, Rois de France, d'Antoine de Bourbon, Roi de Navarre, de Sigismond Auguste, Roi de Pologne, d'Alphonse II. Duc de Ferrare, il devient l'interprète de leur soumission au St. Siège; & son éloquence est grave, élevée, majestueuse.

TANTOT il célèbre (1) un des héros vain-

Pont. Max. Orat. hab. Romæ. Postr. Kal. Maii 1560... Pro Carolo IX. Galliarum Rege Christianissimo, ad Gregorium XIII. Pont. Max. hab. Romæ 10°. Kal. Jan. An. 1572.... Ad S. D. Gregorium XIII. Pont. Max. nomine Henrici III. Galliæ & Poloniæ Regis. Orat. habita Romæ, in Consistorio Publico; Ludovico Castanæo Rupisposæo, equite ordinis Regii, viro illustri, obedientiam præstante, 13°. Kal. Quinct. 1576... Pro Antonio Rege Navarræ ad Pium IV. Pont. Max. Orat. habita Romæ, postr. Idûs Dec. 1560, quo tempore Joanna missis ad summum Pontificem litteris suâ manu subscriptis, se & Catholicam esse profitebatur, & se numquam à S. R. P. obedientiâ defecturam pollicebatur.... Pro Sigismundo Augusto, Rege Poloniæ, ad Pium V. Pont. Max. Orat. habita Romæ. 13°. Kal. Feb. 1577... Pro Alphonso II. Duce Ferrariæ ad Pium IV. Pont. Max. Oratio hæc non est habita. Pro eodem Alphonso II. Ad Pium V. Pont. Max. Orat. hab. Romæ. 5°. Kal. Quinct. An. 1576.

(1) *Mandatu S. P. Q. R.... In reditu in urbem Marci Ant. Columnæ post Turcas Navali prælio victos. Orat. hab. Romæ, in Æde Sacrâ B. M. Virg. quæ est*

queur du fier Ottoman, dans cette bataille fameuse, qui balança les destinées de l'Europe entière; & son éloquence est magnifique, grande, Poétique.

TANTOT il répand (1) des fleurs sur le tombeau d'un de nos Monarques, que la prévention & la haine nous représentent comme un tyran sanguinaire; quoiqu'il ne fut qu'un Prince malheureux & séduit par des Ministres adroits; dont le Regne fut à la vérité injustement innondé du sang Français, mais dont les mœurs ne respiraient pas cette cruauté féroce qu'on lui attribue, qui ne fut enfin coupable, que parce qu'il fut trop crédule; & son éloquence a tout le feu du Patriotisme.

---

in Capitolio. Idibus Decemb. 1573.... Marc. Ant. Colonne, Duc de Palliano, grand Connétable de Naples, Viceroi de Sicile, l'un des plus fameux Guerriers de son siècle, combattit en qualité de Lieutenant Général, à la fameuse Bataille de Lépante.

(1) *In funere Caroli IX Galliarum Regis. Orat. hab. Romæ 1574.*

ICI, il fait l'apothéose (1) d'un Pontife Romain, qui dut son élevation à l'éclat de son mérite, l'estime de son siècle à la pureté de ses moeurs ; qui s'est rendu digne de la vénération de la postérité, par l'héroisme de ses vertus ; & son éloquence a toute la candeur d'une piété tendre & affective.

LA, il dresse (2) des Autels à la mémoire d'un Prélat Français ; illustre par une naissance distinguée ; plus illustre encore par la confiance de deux de nos Monarques qu'il avait méritée ; qui fut le protecteur, l'ami de tous les savans, surtout des Orateurs ; & son éloquence a le ton affectueux de l'amitié.

---

(1) *In funere Pii V. Pont. Max. qui obiit Kal. Maii. An. 1572. Orat. hab. Romæ. 5°. Idûs Maii ejusdem anni.*

(2) *In funere Pauli Foxii, Archiepiscopi Tolosani, Regis Galliarum Oratoris, ad Gregorium XIII. Pont. Max. & ad sedem Apost. Orat. hab. Rom. in Æde Sti. Ludovici. 40. Kal. Jun. An. 1584....* Paul de Foix de Lautrec, d'une des plus anciennes familles du Royaume, Archévêque de Toulouse, se distingua par ses Ambassades en Écosse, à Venise, en Pologne & surtout à Rome. Ce Prélat aimait les lettres & ceux qui les cultivaient. Admirateur passionné d'Aristote, il chérissait tous ceux qui possédaient les écrits de ce Philosophe.

IL

IL arrose enfin (1) de ses larmes le Mausolée de son généreux protecteur, de ce grand homme, qui admis dans le Conseil du Rival de Charles-Quint en avait été l'ame & l'oracle; qui revétu de la pourpre Romaine en avait été l'ornement & la gloire; & son éloquence à toute la sensibilité d'un cœur reconnaissant.

BIEN différent de ces écrivains monotones qui peignent tout avec les mêmes couleurs, Muret jamais ne se ressemble; sa diction est toujours celle du sujet.

UN Orateur si éloquent pouvait-il avoir des Censeurs? La médiocrité seule n'en a point. La supériorité du mérite est toujours suivie de l'envie qu'elle offusque; comme le corps est toujours accompagné de l'ombre qu'il produit. Le tour périodique du stile de Muret, la pureté de sa latinité, rappellaient trop sensiblement la manière de l'Orateur de l'ancienne Rome, pour ne pas enlever tous les suffra-

(1) Hippolite d'Est, Archévêque de Milan, d'Ausch, d'Arles, de Lyon, Évêque d'Autun, Abbé de Flavigni, Conseiller d'État sous François I. aima Muret; & le logea dans son Palais.

ges, après avoir fait illusion à l'écrivain le plus érudit (1) de ſon ſiècle. La critique s'est bornée à nous représenter Muret, comme un déclamateur fertile en expressions & ſtérile en pensées. Sectateurs de Pline & de Pacuve, Rhéteurs qui n'appellés pensées, que les reflexions, dont l'hiperbole ou l'antithèse, l'enflure ou l'épigramme font tout le prix, vous devés ſans doute en trouver peu dans les ouvrages de Muret. Mais les fauſſes lueurs du bel esprit ne furent jamais l'essor hardi du génie. L'homme de goût ne donne le nom de pensées qu'à ces idées peu communes, dont la finesse ou la ſolidité, l'élévation ou la hardiesse, quelques fois même une ingénieuse ſingularité relèvent le mérite. Qu'on

---

(1) Muret composa ces Vers,

Here, si querelis, ejulatu, fletibus;
Medicina fieret miseris mortalium,
Auro parandæ lacrumæ contrà forent.
Nunc hæc ad minuenda mala non magis valent;
Quam nænia Præficæ ad excitandos mortuos.
Res turbidæ consilium, non fletum expetunt.

Joſeph Scaliger l'un des plus habiles critiques de

lise ſans préjugé les ouvrages de Muret ; & l'on avouera qu'il est peu d'Orateurs Latins Modernes qui présentent plus que lui de ces traits lumineux qui décèlent le grand maître.

Je ne dirai rien de ſes connaissances Philosophiques ; il possédait celles de ſon siècle : mais vous le ſavés , la Philosophie était encore enveloppée de nuages épais. La Dialectique , cet art de première nécessité , qui apprend à penser & à juger , chargée d'une fou-

---

ſon siècle , crut, comme Muret le lui avait annoncé ; que ces Vers étaient la production d'un Poëte de l'antiquité , & assura dans ſon Commentaire ſur Varron que c'était un fragment de Trabeas Poëte comique. Dans la ſuite, apprenant que Muret l'avait joué , il devint un de ſes plus implacables ennemis & ſe déchaîna contre lui avec l'emportement le plus vif. Pour ſe venger il composa ce Diſtique.

Qui rigidæ flammas evaſerat antè Toloſæ ,

Muretus fumos vendidit ille mihi.

Voilà probablement ce qui donna un air de vérité aux imputations odieuses inventées contre notre Compatriote.

le de préceptes inutiles ou dangéreux, abandonnait la réalité des opérations de l'esprit, pour s'égarer dans des abstractions puériles. La Métaphisique, cette ſcience profonde, dont l'objet doit être l'étude & l'analise des êtres intellectuels, révoltait par la barbarie des mots, & le vuide des idées. La Phisique, cette ſcience si vaste, si utile & si agréable, dégoutait par l'obscurité d'un jargon mistérieux, & la fureur d'expliquer ce qu'on ne concevait point. La Philosophie, en un mot, n'était qu'un amas informe, confus, de rèveries, d'absurdités, d'erreurs, & d'un très petit nombre de vérités. Si Muret eût assés de complaisance pour ſon siècle, pour l'enseigner (1) dans la Capitale du monde, il eut assés d'estime pour la postérité, pour ne pas lui transmettre les principes futiles d'une ſcience encore plongée dans la barbarie. Ainsi le ſage peut quelques fois avoir assés de condescendance en faveur de ſes contemporains, pour

(1) Muret fut à Rome Professeur en Droit, en Éloquence & en Philosophie.

paraître adopter les préjugés reçus, mais il n'a jamais assés de faiblessse, pour vouloir que dans les âges suivans, les erreurs puissent être étayées par son autorité.

L'ASSEMBLAGE heureux (1) d'un si

---

(1) Outre les ouvrages dont j'ai parlé, nous avons encore de Muret,

Cum ad munus docendi quo se spontè abdicaverat revocatus sit. Orat. hab. Romæ, prid. Kal. Mart. An. 1559. Ad Illustriss. & Reverendiss. S. R. Eccl. Cardinales, cum subrogandi Pontificis Caussâ, conclave ingressuri essent. Orat. hab. Romæ. An. 1585... Sixte V. fut élu Souverain Pontife. C'est la dernière Oraison que Muret aye prononcé... *Post redditam rationem cur Aristotelis Libros de Arte dicendi interpretandos susceperit, septem ordine prosequitur, quæ in cujusque libri principio accuratè tractari solent. Orat. hab. Rom. 1576... Cum pergeret in eorumdem Aristotelis Librorum, de Arte Rhetoricâ, interpretatione. Orat. hab. Rom. postr. Non. Nov. An. 1576... Caussas adducit, cur quoties à munere publico cessatio est, potiùs privatìm quàm publicè, profiteatur humaniores disciplinas. Orat. hab. Rom. 30. Non. Nov. An. 1574.... De Sancto Joanne Evangelistâ. Orat. hab. Romæ, in Sacello Pontificio 60. Kal. Januarias. An. 1582.... De Mysterio & Festo Circumcisionis Dominicæ. Orat. hab. Romæ, in Sacello Pontificio. Kal. Jan. An. 1584... In funere Joannis Episcopii militiæ Melitensis magni Magistri.*

grand nombre de talens divers, pouvait-il ne pas obtenir à Muret une célébrité méritée ? L'université de Paris, qui dans tous les tems

---

Je ne connais que quatre de ses Oraisons qui ayent été traduites en Français. *Pro Antonio Rege Navarræ ad Pium IV*. Traduction Française à Lyon. Michel Jove. 1561.... *Pro Carolo IX. Galliarum Rege*, sous le titre suivant, Oraison prononcée devant le Pape Grégoire XIII. touchant la punition des hérétiques rébelles. Lyon. Benoit Rigaud. 1573. Muret lui même en est le Traducteur, ainsi que de celle-ci, *ad Gregorium XIII. Nomine Henrici III. Galliæ ac Poloniæ Regis*. Paris. Fédéric Morel. 1576... Enfin, *In funere Pauli Foxii Archiepiscopi Tolosani &c.* mise en Français, par André Duval. A Paris, 1584 Elle se trouve à la tête des lettres de cet Ambassadeur imprimées à Paris en 1618.

Muret a composé encore les ouvrages suivans.

Cérémonies funèbres de toutes les Nations. Paris 1572.

Commentaires sur le prémier Livre des amours de Pierre Ronsard. Paris. Gabriel Buon. 1584. Ingolstad. 1602.

Chansons Spirituelles. Paris. Nicolas Duchemin. 1555.

Sermon de St. Jean Chrisostome, sur St. Jean le Théologien, traduit du Grec en Latin. Dans l'Édition de St. Jean Chrisostome, du P. Fronton Le Duc Jésuite.

Inscription pour Jean de la Cassière, Grand Maître

a donné des grands hommes à la littérature, emploie tout pour décider Muret à venir dans son sein en augmenter le nombre. Celle de Padoue, qui dès son origine tenait un rang distingué dans l'empire littéraire, ne néglige rien pour l'engager à venir partager ses travaux

---

de l'Ordre de St. Jean de Jérusalem. 1581.

Monodia in obitum clarissimi viri Christophori Thuani, & in eam Constantini notæ. Rom. 1584. *Paris.* 1585.

Marci Ant. Mureti, ad Marcum Ant. Fratris Filium, puerum novennem, sententiæ Græcæ, cum interpretatione Latinâ Innocentii Giscaterii. 1580.

Institutio puerilis ad Marcum Ant. Fratris Filium; & in eam Constantini notæ. Rom. 1584. *Paris.* 1585.

Marci Ant. Mureti Variarum Lectionum Libri VIII. ad Hippolitum Estensem, Cardinalem, ac principem illustrissimum. Vénise. 1559. *Paris.* 1578, & 1586. *Anvers.* 1580, & 1586. *Ausbourg en* 1600. *Francfort.* 1604. Cet ouvrage est inséré dans le *Thesaurus Criticus* de Gruter.

Une Tragédie Latine intitulée, *Julius Cæsar.*

Marci Fabii Quintiliani de Oratoribus, sivè de caussis corruptæ Eloquentiæ, cum selectis &c. Moscou. 1710. *&c. &c. &c.*

Tous les ouvrages de Muret, ont été imprimés à Ingolstad, chés David Sartorius, en 1591... à Vérone. 1727. Tome 1.er & 2.e 1728. Tome 3.e 1729. Tome 4.^e^

& ſa gloire. Un des plus grands Monarques (1) de ce Royaume infortuné, dont les diſſenſions cruelles, les divisions ſanglantes, & le démembrement injuſte, conſternent l'Europe attendrie ; un Prince dont la ſagacité appercevait il y a deux ſiècles, dans la conſtitution de la République qu'il gouvernait, le germe de la révolution, qui a fait répandre tant de ſang & qui fait encore verser tant de larmes, plein du noble déſir d'appeller les arts auprès de ſon thrône, fait à Muret les ſollicitations les plus vives, les offres les plus ſéduiſantes. Mais l'homme de lettres tout occupé des beaux arts, qui font ſes délices, tout entier à la vertu (2) qui ſeule peut faire

---

1730. Tome 5.e 1738 Tome 6e. in 8°... à Véniſe mêmes années & même format en 5. volumes.

(1) Étienne Battori, l'un des plus grands Rois qui ayent regné en Pologne.

(2) Muret poſſéda toutes les vertus ſociales & Religieuses. L'aménité de ſes mœurs, la douceur de ſon caractère, la nobleſſe de ſes ſentimens, les charmes de ſa converſation, l'affabilité, la complaiſance, la candeur qui reſpiraient dans ſes diſcours & dans ſes manières, lui captivaient tous les cœurs. Il avait l'ame ſenſible & bienfaiſante, le cœur généreux &

ſon bonheur, ne doit jamais ſacrifier à la fortune. Enchaîné par la reconnaissance, par ce ſentiment généreux, ſi doux pour les ames ſensibles, notre Compatriote préfère aux bienfaits (1) qui l'attendaient à Varsovie, le ſéjour de Rome, qui par une distinction in-

---

reconnaissant. Sa maison, ſa bibliotèque, ſa bourse, étaient ouvertes à tous ceux qui y avaient reçours. Il fit à Rome les accueils les plus distingués à Jean de Beaubreüil, Poète Français, Auteur d'une Tragédie intitulée Attilie, dont le ſujet eſt tiré d'Eutrope & du 4.e Livre de Paul Orose. Muret reconnoissait dans ſon Concitoyen, le fils d'un homme qui l'avait encouragé des prémiers à l'étude.

Rien n'égalait la pureté de ſa Foi. Il ne s'était point laissé séduire par les erreurs de la nouvelle Doctrine, qui dans ſon siècle avait fait en France des progrès ſi rapides & si funestes. Les Novateurs n'avaient pourtant rien négligé pour l'attirer dans leur parti. La Religion & la piété de Muret brillèrent ſurtout dans les dix dernières années de ſa vie. Tous ces traits ſont consignés dans ſon Oraison funèbre, prononcée devant le ſacré Collège, par le P. Bencio qui fut ſon Disciple, & qui parait avoir parfaitement connu le cœur de ſon maître.

(1) *Quo interim tempore, cum à Stephano Battoreo, Serenissimo Polonorum Rege, qui & consiliis, & factis, Romanorum veterem æquare videtur gloriam, in Poloniam accerseretur amplissimis præmiis. Bencius, Orat. hab. in funere Marci Ant. Mureti.*

finiment flatteuse, parce qu'elle était presque inouie, l'avait mis au nombre de ſes Citoyens. (1)

PAR quelle fatalité un écrivain autrefois si révéré de l'Europe entière (2), eſt-il presque inconnu dans la Ville qui l'a vû naître? Pourquoi dans cet azile des Arts, n'a-t-on pas depuis long-tems érigé un Buſte à ce génie heureux qui l'aurait illustré? Les cendres d'un Héros (3) ont inspiré de nos jours le courage & la magnanimité, la vuë

---

(1) *Magiſtratus Romani.... Mureto ipsi aliquot antè annis ultrò detulerant jus Romanæ civitatis, quâ ratione etiam effectum est, ut tantum stipendium decerneretur homini amplissimo, quantum haud ſcio an cuiquam nemini.... Bencius, Orat. hab. in funere M. Ant. Mureti.*

(2) Ste. Marthe; Juste-Lipse, Jules Scaliger; Coster, Jean-Antoine de Thou, Étienne Baluse, *Imperialis*, *Ghilini*, *Janus Nicius Ærithræus*, Le Mire, Spondan, Baillet, Moreri, l'Advocat, &c. ont fait de Muret les plus grands éloges.

(3) Tout le monde ſait l'Anecdote de ces deux braves Soldats, qu'on vit à Strasbourg, aiguiser dans l'attitude de l'attendrissement, de l'admiration & du reſpect, leurs épées au Mausolée du Maréchal de Saxe.

d'un Concitoyen célèbre (1) inspirerait l'amour des talens & des lettres. Cette jeunesse choisie qu'à rassemblée l'espoir des récompenses, couronnée aux pieds d'un grand

---

(1) Muret mourut à Rome le 4.e Juin 1585. âgé de cinquante-neuf ans, & fut enterré dans l'Église de la très-Sainte Trinité, des pères Minimes, au Mont Pincius. Il avait été fait Prêtre dix ans avant sa mort. D'assés riches bénéfices l'avaient fait vivre dans l'aisance. La douceur de son sort ne fut altérée, que par la mort d'un de ses neveux, à l'éducation duquel il travaillait, & qui déjà se rendait digne de lui.

Guillaume le Blanc d'Ally composa en son honneur l'Épitaphe suivante, qui n'a pas grand mérite.

Gallia me genuit, genitum me Roma recepit;
Illa sinu juvenem fovit, & illa senem.
Illa dedit vitam, vitam mihi sustulit ista;
Illa dedit cunas, ista dedit tumulum,
Utraque me genitum gaudet, colit utraque vivum;
Utraque deffunctum flensque, gemensque dolet.

Le P. Bencio en avait fait une autre qui vaut un peu mieux.

Hìc Marci caros cineres Roma inclita servat;
Quos patria optasset Gallia habere sinu:
Stat colle hortorum tumulus, stat proximus astris;
Quæ propiùs puro contigit ille animo.
Tu sacros latices lacrumans asperge viator,
Et dic: heu! linguæ hìc fulmina fracta jacent.

homme, s'enflammerait d'une ardeur plus vive & plus constante. Nous mêmes, chargés du plus précieux dépôt que puisse nous confier la patrie, nous viendrions y déposer les dégoûts inséparables de nos occupations, ranimer notre activité, & nous embraser d'un nouveau zèle pour nos pénibles fonctions. Ce monument, ô mes Concitoyens, éterniserait votre amour pour les beaux Arts : il annoncerait aux générations futures, que cette Ville a produit des Citoyens, qui savaient honorer le mérite.

. . *amor patriæ ratione valentior omni,*
Quod tua fecerunt scripta retexit opus.

Ovid. de Ponto. *Lib.* 1°. *El.* 4.

www.ingramcontent.com/pod-product-compliance
Ingram Content Group UK Ltd.
Pitfield, Milton Keynes, MK11 3LW, UK
UKHW032009260826
14628UKWH00005B/2385

9 782012 478039